Animales asquerosos

Animales con hábitos alimenticios asquerosos

por Katie Chanez

Bullfrog en español

Ideas para padres y maestros

Bullfrog Books permite a los niños practicar la lectura de textos informativos desde el nivel principiante. Las repeticiones, palabras conocidas y descripciones en las imágenes ayudan a los lectores principiantes.

Antes de leer

- Hablen acerca de las fotografías. ¿Qué representan para ellos?
- Consulten juntos el glosario de las fotografías. Lean las palabras y hablen de ellas.

Durante la lectura

- Hojeen el libro y observen las fotografías. Deje que el niño haga preguntas. Muestre las descripciones en las imágenes.
- Léale el libro al niño o deje que él o ella lo lea independientemente.

Después de leer

- Anime al niño para que piense más. Pregúntele: ¿Has visto a un animal comiéndose algo asqueroso? ¿A cuál animal has visto? ¿Qué se estaba comiendo?

Bullfrog Books are published by Jump!
5357 Penn Avenue South
Minneapolis, MN 55419
www.jumplibrary.com

Library of Congress Cataloging-in-Publication Data

Names: Chanez, Katie, author.
Title: Animales con hábitos alimenticios asquerosos / por Katie Chanez.
Other titles: Gross animal eaters. Spanish
Description: Minneapolis, MN: Jump!, Inc., [2025]
Series: Animales asquerosos | Includes index.
Audience: Ages 5–8
Identifiers: LCCN 2024004577 (print)
LCCN 2024004578 (ebook)
ISBN 9798892132817 (hardcover)
ISBN 9798892132824 (paperback)
ISBN 9798892132831 (ebook)
Subjects: LCSH: Animals—Food—Juvenile literature. | Animal behavior—Juvenile literature.
Classification: LCC QL756.5 .C4518 2025 (print)
LCC QL756.5 (ebook)
DDC 591.5—dc23/eng/20240310

Editor: Alyssa Sorenson
Designer: Emma Almgren-Bersie
Translator: Annette Granat

Photo Credits: RainervonBrandis/iStock, cover; stanley45/iStock, 1; Clara Bastian/Shutterstock, 3; KK Tan/Shutterstock, 4; Lebelmont/Shutterstock, 5, 23tl; fmajor/iStock, 6–7; through-my-lens/iStock, 8; JIM CLARE/Nature Picture Library, 9, 22tr; GomezDavid/iStock, 10–11, 23br; Akabei/iStock, 12; Dajra/Shutterstock, 13, 22bm, 23tr; Avalon.red/Alamy, 14–15; Gena Melendrez/Shutterstock, 16; Oxford Scientific/Getty, 16–17; Ethan Daniels/Alamy, 18–19, 23bl; JamesBrey/iStock, 20–21; prill/iStock, 22tl; Wirestock/iStock, 22bl; SergeUWPhoto/Shutterstock, 22br; ruek66/Shutterstock, 24.

Printed in the United States of America at Corporate Graphics in North Mankato, Minnesota.

Tabla de contenido

¡Comamos!

¿Qué comes tú?

Los animales comen muchas cosas.
Algunas son asquerosas.

pupú

Los escarabajos peloteros hacen rodar una pelota.

¿Qué es?

¡Pupú!

¡Se lo comen!

Un murciélago vuela.
Busca comida.

¿Qué come?

¡Sangre de vaca!

Los leones dejaron restos de comida.

Una hiena se los come.

¡Qué asco!

Una vaca come pasto.

La vaca vomita.
¡Se come el bolo alimenticio!

Un tiburón nada.

Él no puede ver.

¿Por qué?

¡Un parásito se comió sus ojos!

parásito

¿Qué hay encima de ese pez?

¡Una lamprea!

Ella se come la sangre del pez.

lamprea

Un pez abre la boca.

¡Mira!

Hay un parásito adentro.

¿Por qué?

¡Este se comió la lengua del pez!

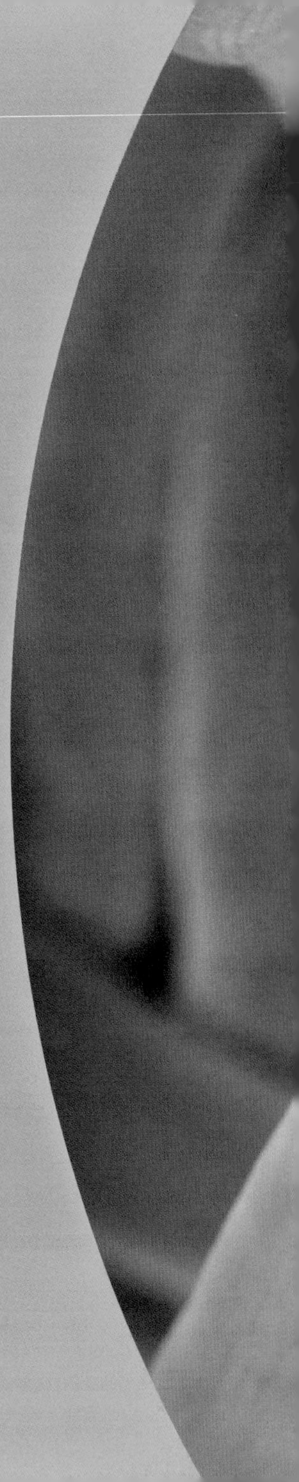

parásito

¡Hora de comer!

¡Qué asco!

Comidas asquerosas

Algunos animales comen comidas asquerosas. ¿Como cuáles? ¡Echa un vistazo!

pupú

sangre

animales muertos

animales vivos

comida vomitada

Glosario de fotografías

asquerosas
No agradables o cosas que te dan asco.

bolo alimenticio
Comida que se tira para que se mastique y se coma de nuevo.

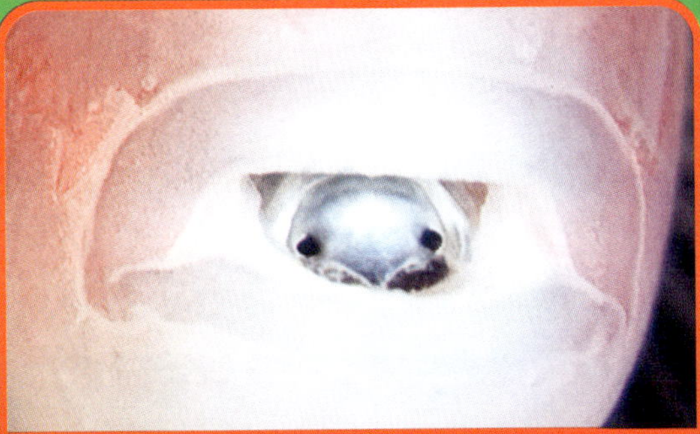

parásito
Un animal que vive en otro animal o dentro de él.

restos
Pedacitos o partecitas de algo.

Índice

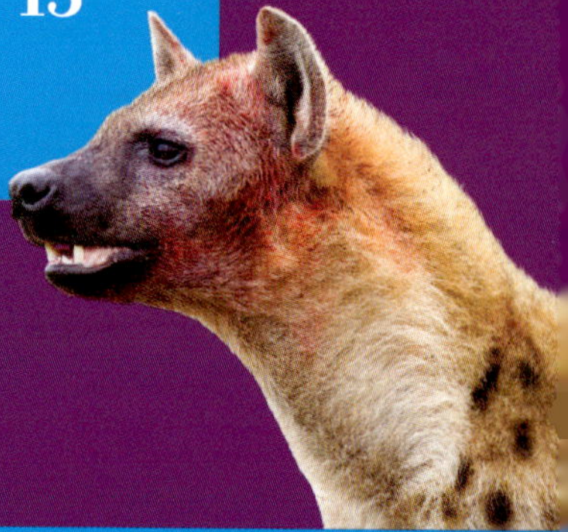

Para aprender más

Aprender más es tan fácil como contar de 1 a 3.

1. Visita www.factsurfer.com
2. Escribe "animalesconhábitosalimenticiosasquerosos" en la caja de búsqueda.
3. Elige tu libro para ver una lista de sitios web.